Cabinet de feu M. Joseph FIOUPOU

LIVRES RARES

Gravures, Eaux-Fortes, Lithographies

OBJETS DE CURIOSITÉ

COMMISSAIRE-PRISEUR :

Me ESCRIBE, rue de Hanovre, 6

EXPERTS :

M. Jules MARTIN, Libraire, rue Séguier, 18,
MM. DANLOS et DELISLE, quai Malaquais, 15,
M. A. BLOCHE, rue Laffitte, 44.

PARIS — 1884

CATALOGUE

DES

LIVRES RARES

Théologie — Sciences — Arts
Belles-Lettres — Histoire

GRAVURES, EAUX-FORTES, LITHOGRAPHIES

DE

Bracquemond, Leys, Manet, Whistler, etc.

PIÈCES HISTORIQUES

OBJETS DE CURIOSITÉ

Faiences, Tableaux, Miniatures, Gouaches
Cadres sculptés, etc.

COMPOSANT LE CABINET

De feu M. Joseph FIOUPOU

DONT LA VENTE AUX ENCHÈRES PUBLIQUES AURA LIEU

PAR SUITE DE DÉCÈS

HOTEL DROUOT, SALLE N° 4

Les Lundi 31 Mars, Mardi 1er et Mercredi 2 Avril 1884

A DEUX HEURES

Par le ministère de **Me ESCRIBE,** Commissaire-Priseur,
rue de Hanovre, 6,

ASSISTÉ DE :

M. JULES MARTIN, Libraire, rue Séguier, 18,
MM. DANLOS et **DELISLE**, Marchands d'estampes, quai Malaquais, 15,
M. A. BLOCHE, Expert, rue Laffitte, 44,

CHEZ LESQUELS SE DISTRIBUE LE CATALOGUE.

EXPOSITION PUBLIQUE

Le Dimanche 30 Mars 1884, de une heure et demie à cinq heures.

PARIS — 1884

CONDITIONS DE LA VENTE

La Vente sera faite au comptant.

Les Adjudicataires paieront CINQ POUR CENT, en sus des adjudications.

Aucune réclamation ne sera admise une fois l'adjudication prononcée.

DÉSIGNATION

LIVRES

THÉOLOGIE, HISTOIRE RELIGIEUSE

1. Horologium devotionis circa vitam Christi. *Sans lieu ni date*, (vers 1520), pet. in-8, goth. de 65 ff. mar. br., fil., tr. dor. 36 vignettes sur bois dans le texte.

Bel exemplaire de cette édition rare, imprimée à Cologne, à la fin du xve siècle.

2. Le voyage des deux ambassadeurs de Jésus-Christ, saint Pierre et saint Paul. *Poitiers*, 1544; in-16 cart. (*rogné*).

3. Exhortation à l'amour et charité que nous devons avoir envers les pauvres, trad. de S. Gregoire Nazianzene, par Jean de Lavardin. *Paris*, 1574; in-16, cart.

4. Avertissement aux catholiques sur la bulle touchant l'excommunication de Henry de Valois. *Paris*, 1589; in-8, mar.

5. Lettres missives de certains chanoynes pour la religion catholique, 1593; p. in-8, mar.

6. Lettres chrestiennes et spirituelles de Jean Du Verger de Hauranne, abbé de S. Cyran (publ. par Arnauld d'Audilly). *Paris*, 1645; in-4, parch.

*

7. Réflexions sur la Miséricorde de Dieu, par une Dame pénitente (Madem. de La Vallière). *Paris*, *Dezallier*, 1712; in-12, v.

8. Réflexions sur la Miséricorde de Dieu, par la Duch. de La Vallière. *Paris*, *Techener*, 1860; 2 tom. en 1 vol. in-8, maroq.

9. La Sainte Messe ou sont représentés les actions du Prêtre, les Mystères de la Passion. *Paris*, *Landry*; in-12, v. *Texte gravé et* 35 *figures*.

10. Chants et Motets à l'usage de l'Église et Communauté des Dames de la Royale Maison de saint Louis à Saint-Cyr, par Nivers et Clerambault. *Paris*, 1733; in-4, v. (*Ex-libris de Saint-Cyr*).

11. Petit Carême, prêché dans la chapelle de l'École royale militaire, par l'abbé Jumel. *Paris*, 1782; in-12, mar. vert, fil., tr. dor. *Reliure ancienne*.

12. Édit du Roy concernant la juridiction ecclésiastique. *Toulouse*, *Le Camus*, 1698; 2 pièces en 1 vol. pet. in-8, d.-rel.

13. Pièces officielles sur les jansénistes. Arrets et Lettres patentes, 1664-1731. 18 pièces en 1 vol. in-4, d.-rel.

14. Mémoires pour servir à l'histoire de Port-Royal. *Utrecht*, 1742; 3 vol. in-12, v.

15. Port-Royal, 4 vol. in-12, rel.

Histoire abrégée de Port-Royal. 1710. — Relations sur la vie de la Mère Marie des Anges. 1737. — Relation de la captivité de la Mère Angélique Arnauld. 1711. — Relations écrites par la Mère Angélique Arnauld.

16. Recueil de dix-huit pièces concernant l'Histoire de Port-Royal. 1661-1669, 1 vol. in-4, cart.

17. Nécrologie de l'abbaye de Notre-Dame de Port-Royal des Champs, par Dom Rivet. *Amsterdam*, 1723; in-4, v. *Figures*.

18. Vies intéressantes et édifiantes des religieuses de Port-Royal, par Le Clerc, 1750; 4 vol. — Lettres de la mère Angélique Arnauld, abbesse de Port-Royal. *Utrecht*, 1742; 3 vol. Ens. 7 vol. in-12, v.

19. Lettres de la Mère Angélique de Saint-Jean Arnauld; in-8, parch.

Manuscrit du commencement du XVIIIe siècle.

20. Extrait de la vie de la Révérende Mère Angélique de Sainte Madelaine Arnaud, abbesse de Port-Royal, écrite par la Mère Angélique Arnaud; in-4, v.

Manuscrit du XVIIIe siècle.

21. Introduction à l'histoire du Bouddhisme indien, par Burnouf. *Paris, Impr. roy*, 1844; in-4, d.-rel. ch. br., n. rog.

22. Rgya Tch'er Rol Pa ou Développement des Jeux, cont. l'histoire du Boudha Cakya-Mouni, trad. par Foucaux. *Paris, Impr. nat.*, 1848; in-4, d.-rel., ch., n. rog. *Planches.*

23. Rig-Véda ou Livre des Hymnes, trad. du sanscrit, par Langlois. *Paris, Didot*, 1848; 4 vol. in-8, br.

SCIENCES ET ARTS

Beaux-Arts — Archéologie

24. Science de la Morale, par C. Renouvier. *Paris, Ladrange*, 1869; 2 vol. in-8, br.

25. Essais de critique générale, par C. Renouvier. *Paris, Ladrange*, 1854-1864; 4 vol. in-8, br.

26. Histoire de la Philosophie allemande, depuis Kant jusqu'à Hegel, par Willm. *Paris, Ladrange*, 1846; 4 vol. in-8, br.

27. Maximi Tyrii philosophi platonici sermones e græca in latinam linguam versi, Cosmo Paccio interprete. *Basilæ, ex ædibus Frobenii*, 1519; in-fol.

Frontispice, fleurons et lettres ornées, gravés sur bois, d'après les dessins de Holbein.

28. OEuvres de La Bruyère. *Paris, Ménard*, 1818; 3 vol. in-18, cart., n. rog. *Portr.*

29. Musée moral, ou préceptes, conseils et exemples, par S. de L. *Paris*, 1828; in-8, mar. v., tr. dor.

Exemplaire de dédicace à S. A. R. Madame la Dauphine

30. La grande Prognostication générale du Cercle solaire de vingt-huict ans en vingt-huict ans..... fort utile à toutes personnes qui veulent pourvoir d'heure à la despense de leurs maisons. *Paris, Menier*, 1597; pet. in-8, d.-rel.

31. Traité de l'essence et guérison de l'amour, par Ferrand, agenois. *Tolose*, 1612; p. in-12, v. br.

32. Le Secrétaire de la cour, ou la manière d'écrire selon le temps. *Paris*, 1630; in-8, rel. v.

33. Des mots à la mode et des nouvelles façons de parler. *Paris, Barbin*, 1692; in-8, v. br. *Armes sur les plats.*

34. La Langue françoise expliquée par M. V. Malherbe. *Paris*, 1725; in-8, v. marb.

---

35. Philosophie des Beaux-Arts appliquée à la Peinture, par Sutter. *Paris*, 1858; in-8, br.

36. Recueil de lettres sur la Peinture, la Sculpture et l'Architecture, par Jay. *Paris*, 1817; in-8, cart.

37. Histoire de l'Art pendant la Révolution, par J. Renouvier. *Paris, Renouard*, 1863; in-8, d.-rel. mar. r., n. rog.

38. Des Types et des Manières des maîtres graveurs, aux XVIe et XVIIe siècles, par J. Renouvier. *Montpellier*, 1854; 2 part. en 1 vol. in-4, d.-rel. ch., n. rog.

39. Histoire de l'origine et des progrès de la gravure dans les Pays-Bas et en Allemagne au XVe siècle, par J. Renouvier. *Bruxelles*, 1860; in-8, br.

40. Vie de David, par M. A. Th** (Thiers). *Paris*, 1826; in-8, br.

41. L. David, son école et son temps, par Delécluze. *Paris*, 1855; in-8, br.

42. Eugène Delacroix, sa vie et ses œuvres. *Paris*, *Claye* 1865; in-8, br.

43. Le Pausanias français ou Description du salon de 1806, par Chaussard. *Paris*, 1808; in-8, d.-rel. *Fig.*

44. Essai sur les Beaux-Arts et particulièrement sur le salon de 1817, par Miel. *Paris*, 1817; in-8, cart., n. rog. *Fig.*

45. Salon de 1817, par Landon. *Paris*, 1817; in-8, cart., n. rog. *Fig.*

46. Salon de 1822, par A. Thiers. *Paris*, 1822. *Fig.* — Vie de David, par A. Th. (Thiers). *Paris*, 1826; ens. 2 vol. in-8, br.

47. Salon d'Horace Vernet, par Jouy et Jay. *Paris*, 1822; in-8, br.

48. Esquisses, croquis, pochades sur le salon de 1827, par Jal. *Paris*, 1828; in-8, d.-rel. *Fig.*

49. Salon de 1831, par Jal. *Paris*, 1831; in-8, d.-rel. v.

50. Salon de 1831, par G. Planche. *Paris*, 1831; in-8, v. *Vign.*

51. Salon de 1831, par G. Planche. *Paris*, 1831; in-8, br. *Vignettes sur bois par Porret.*

52. Le Salon de 1834, par Laviron. *Paris*, *Janet*, 1834; in-8, br.

53. Le Salon de 1844, par Thoré. *Paris*, 1844; in-12, br. *Eau-forte de Jeanron.*

54. Salon de 1847, par Th. Gautier. *Paris*, *Hetzel*, 1847; in-18, br.

55. Catalogue raisonné d'une Collection considérable des diverses curiosités en tous genres, du cabinet de M. Bonnier de La Mosson, par Gersaint, 1744. — Catalogue de différents effets curieux et rares du cabinet de M. de La Roque, par Gersaint, 1745. — Catalogue de différents effets précieux de la succession du chevalier d'Arville, 1745. En 1 vol. in-12, v. *Fig. Prix manuscrits.*

56. Catalogue raisonné des différents objets de curiosité dans les sciences et arts qui composaient le cabinet de feu M. Mariette, par Basan. *Paris, Desprez*, 1775; In-8, v. m. *Fig. Prix manuscrits.*

57. Catalogue d'une rare et précieuse Collection de tableaux qui composent le cabinet de J. de Verhulst. *Bruxelles*, 1779; in-4, d.-rel. *Portr.*

58. Carrousel de Monseigneur le Dauphin, fait à Versailles. *Paris*, 1686; in-4, d.-rel. mar. rou., tr. dor.

59. Abrégé de la nouvelle Méthode dans l'art d'ecrire ou de tracer toutes sortes de danses de ville, dédié à Mlle de Baujaulois, par Rameau. *Poris*, 1725; in-8, v. br. *Planches.*

60. De la Danse, par Moreau de Saint-Méry. *Parme*, 1803, in-18, cart., non rog.

61. Lettres sur les Arts imitateurs en général et sur la Danse en particulier, par Noverre. *Paris*, 1807, 2 vol. in-8, br. *Portr.*

62. Lettres sur la Danse, par Baron. *Paris*, 1824 ; in-8, d.-rel. *Pl.*

63. Elegantiores Statuæ antiquæ in variis Romanorum palatiis asservatœ. *Romœ*, 1776; in-4, v. 42 *planches.*

64. Medales illustrées des anciens Empereurs et Impératrices de Rome, par Le Ménestrier, controlleur de l'artillerie au duché de Bourgongne. *Dijon*, 1642; in-4, parch. *Fig.*

65. Déclaration du Roy et nouveau règlement sur le faict des monnoyes. *Paris*, 1636; pet. in-8, cart.

66. Le Triomphe de la Religion sous Louis-le-Grand, représenté par des inscriptions et des devises. *Paris, G. Martin.* 1687; in-12, mar. rou., dent., tr. dor., rel. anc. *Jolies figures.*

67. Collection complète des drapeaux faits dans les soixante districts de Paris, lors de la Révolution du mois de juillet 1789. *Paris, Girard*, 1790; in-fol. cart., n. rog. 50 *planches coloriées.*

68. Compositions d'après l'Illiade et l'Odyssée d'Homère, et les tragédies d'Eschyle, par Flaxman. *Paris, s. d.*, in-fol. obl., d.-rel.

69. Recueil de 90 Lithographies et Eaux-fortes extraites de l'Artiste, vers 1835; 1 vol. in-4, obl., d.-rel.

70. L'Album, Journal des Arts, des Modes et des Théâtres. *Paris*, 1821-23; 6 vol. in-8, d.-rel. *Nombr. figures noires et coloriées.*

71. Nouveau Journal des Dames, ou petit Courrier des Modes, 1821; in-8, d.-rel. *Portr. et fig. de modes coloriées.*

72. Le Diable rose, ou le Petit Courrier de Lucifer, par V. du Cange. *Paris*, 1822; in-8, cart., n. rog. *Fig.*

73. L'Artiste. *Paris*, 1833; 2 vol. in-4, d.-rel. *Eaux-fortes et lithographies (Tomes IV et V de la collection).*

74. Le Livre des Statuts et Ordonnances de l'ordre du Benoist Sainct-Esprit. *Paris*, *Mettayer*, 1610; in-4, cart.

75. Statuts dell' Accademia Romana di, S. Luca. *Roma*, 1812; in-4, mar. rou., dent., tr. dor.

76. Nouvelle explication des hiéroglyphes, par Lenoir. *Paris*, 1808; in-8, v. *Fig.* — Lettres sur les hiéroglyphes, par Klaproth, 1827. — Les Hiéroglyphes d'Egypte, par Brown, 1827. Ens. 1 vol. et 3 broch.

77. Eclaircissements sur l'inscription grecque du monument trouvé à Rosette, par Amcilhon. *Paris*, 1803. — Analyse de l'inscription en hiéroglyphes du monument de Rosette. *Dresde*, 1804. Ens. 2 vol. in-4, br. *Pl.*

78. La Statue vocale de Memnon. par Letronne. *Paris*, *Imp. royale*, 1833; in-4, d.-rel. mar. *Pl.*

79. Sur les Ecrits et les Travaux d'Eudoxe de Cnide. — Du revêtement des pyramides de Gizeh, par Letronne. *Paris*, 1841; in-4, d.-rel. *Pl. coloriées.*

80. Essai sur les Momies, par Perrot. *Nîmes*, 1845; in-8, d.-rel. mar. *Fig.*

BELLES-LETTRES

I. Poésie

81. Le Pas d'armes de la Bergère maintenu au tournoi de Tarascon, publié par Crapelet. *Paris*, *Crapelet*, 1835; gr. in-8, papier vélin, d.-rel. mar. br., tête dorée, n. rog. *Fig. coloriée.*

82. Jérusalem délivrée, poème du Tasse, trad. par Lebrun. *Paris*, *Bossange*, 1794; 2 vol. in-8, cart., n. rog. *Fig.*

83. Andræ Alciati Emblematum libellus. *Parisiis*, *Christianus*, *Wechelus*, 1534; pet. in-8, de 119 pages, mar. rouge, fil., tr. dor., rel. anc. *Fig. sur bois.*

    Edition rare.

84. Typhon ou la Gigantomachie, poème burlesque. — Recueil de quelques vers burlesques. *Paris, Quinet*, 1643; in-4, v. *Fig.*

85. Les Vers héroiques du sœur Tristan Lhermite. *Paris*, 1648; in-4, v. fauve, tr. dor. *Portrait.*

    Bel exemplaire d'Armand Bertin.

86. Poésies choisies des meilleurs auteurs de ce temps. *Paris*, 1654; in-12, mar.

87. Le Jardin des Racines grecques, mises en vers françois, par Lancelot. *Paris*, *P. le Petit*, 1657; in-12, v.

    Première édition, rare.

88. Amitiés, Amours et Amourettes, par M. Le Pays. *Paris*, 1665 ; in-12, v. f. t. d. (Petit).

89. Fleurs, Fleurettes et Passe-Temps. *Paris*, 1666 ; in-12, v. br.

90. Poésies de Mme Deshoulières. *Paris*, 1688-95 ; 2 vol. in-8, v.

91. Recueil de vers choisis, par le R. P. Bouhours. *Paris*, 1693; pet. in-8, mar.

92. Poésies par Mme Amable Tastu. *Paris*, 1833; in-12, v. Frontispice et figures.

93. Poésies et Messéniennes, par C. Delavigne. *Paris, Ladvocat*, 1824; in-8, d.-rel. *Figures de Devéria sur chine.*

94. Sept Messéniennes nouvelles, par C. Delavigne. *Paris, Ladvocat*, 1827; in-8, br.

95. Méditations poétiques, par A. de Lamartine. *Paris, Gosselin*, 1823; in-8, br. *Figures.*

96. Méditations poétiques, par A. de Lamartine. *Paris*, 1823; in-8, d.-rel., n. rog. *Figures.*

97. Nouvelles Méditations poétiques, par A. de Lamartine. *Paris, U. Canel*, 1823; in-8, cart.

Première édition.

98. Chant du Sacre, par A. de Lamartine. *Paris, Baudouin*, 1825; in-8, br.

Édition originale.

99. Harmonies poétiques et religieuses, par A. de Lamartine. *Paris, Gosselin*, 1830; 2 vol. in-8, d.-rel. *Vignettes par Johannot.*

Edition originale.

100. Poèmes par M. le comte A. de Vigny. *Paris*, 1829; in-8, d.-rel. *Vignette par T. Johannot.*

101. Odes et Ballades, par V. Hugo. *Paris, Gosselin*, 1829; 2 vol. in-8, br. *Figures sur chine.*

102. Les Feuilles d'automne, par Victor Hugo. *Paris*, 1831; in-8, d.-rel. v. *Vignette de T. Johannot.*

103. Les Feuilles d'automne, par Victor Hugo. *Paris, Renduel*, 1832; in-8, cart. *Vignette par T. Johannot.*

Edition originale.

104. Les Orientales, par Victor Hugo. *Paris*, 1833; in-8, d.-rel.

105. Le Sylphe. Poésies de feu Ch. Dovalle, précédées d'une préface par V. Hugo. *Paris, Ladvocat*, 1830; in-8, d.-rel.

Edition originale.

**

106. Vie, Poésies et Pensées de Joseph Delorme (Sainte-Beuve). *Paris*, 1829; in-18, d.-rel. v.

Edition originale.

107. Les Consolations, par Sainte-Beuve. *Paris*, 1830 ; in-12, d.-rel.

Edition originale.

108. Libres Paroles, par Laurent Pichat. *Paris*, 1847. — Les Voyageuses, par H. Chevreau et Laurent Pichat. *Paris*, 1844. Ens. 2 vol. in-8, br.

109. Émaux et Camées, par Th. Gautier. *Paris*, 1852; in-18, d.-rel. mar.

Edition originale.

110. Poésies de Théodore de Banville. *Paris*, 1857; in-12, d.-rel. mar.

Edition originale. Envoi d'auteur.

111. Cara Patria. Echos italiens, par Mme Ratazzi. *Paris, Jouaust*, 1873; in-8, br. *Portr.*

112. Poésies, par A. Lacaussade. *Paris*, *Lemerre*, 1876; in-12, d.-rel. mar. br., n. rog.

113. Almanach des Muses. *Paris*, 1786-1798. — Almanach des Grâces, 1793. Ens. 3 vol. in-18, mar. anc. *Fig.*

114. Chansons nouvelles, par P.-J. de Béranger. *Paris*, 1825; in-18, v. viol. *Portr.*

115. Album lyrique ou Recueil de romances. — La Lyre des demoiselles. *Paris*, vers 1820; 2 vol. in-4, cart. *Fig.*

II. Théâtre

117. OEuvres complètes de Shakspeare, trad. par Francisque Michel. *Paris*, *Didot*, 1842; 3 vol. gr. in-8 br.

118. La Judith, par le sieur Guillaume du Bartas. *Rouen*, 1597; in-12, v. br.

119. Marie Stuard, reyne d'Ecosse, tragédie de M. Regnault. *Paris*, 1639; petit in-4, v.

120. Europe. Comédie héroïque. *Paris, Le Gras*, 1643; in-4, v. f. *Front.*

L'auteur est Desmarest de S. Sorlin, aidé, dit-on, par le cardinal de Richelieu.

121. Ballet royal de la nuict, dansé par S. M. *Paris, Ballard*, 1653; pet. in-4, d.-rel. mar. vert (*Titre raccommodé*).

122. Ballet de Psyché ou de la Puissance de l'Amour, dansé par S. M. *Paris, Ballard*, 1656; in-4, d.-rel. mar. rouge, tr. dor.

123. Le Soldat poltron, comédie. *Paris, Quinet*, 1668; in-12 cart.

124. Proserpine, tragédie en musique, ornée d'entrées de ballet. *Paris, Ballard*, 1680; in-4, d.-rel. mar., tr. dor. *Fig.*

135. Le Triomphe de l'Amour, ballet dansé devant S. M. à Saint-Germain-en-Laye. *Paris, Ballard*, 1681; in-4, d.-rel. mar. ol., tr. dor. *Fig.*

126. Le Triomphe de l'Amour, ballet, 1682. *Front.* Pet. in-12, mar. v.

127. Le Menteur, par le Sr P. Corneille. — La suite du Menteur, comédie, par P. Corneille. *Paris*, 1682; in-12, dos et coins maroq. — 2 *frontisp. gravés.*

128. Le Temple de la Paix, ballet dansé devant S. M. à Fontainebleau. *Paris, Ballard*, 1685; in-4, d.-rel. mar. rou. *Fig.*

129. Armide, tragédie en musique. *Paris*, 1686; in-4, mar. rou., rel. anc. avec armoiries.

130. Le Baron de la Crasse, comédie (par Poisson). *Paris*, 1687; pet. in-12, vél.

131. L'Impromptu de Versailles, comédie par J.-B. P. de Molière. *Amsterdam, G. Le Jeune*, 1689; in-12, mar. r., fil. *Front.*

132. Les Amants magnifiques. — Dom Garcie de Navarre. — Melicerte. — La comtesse d'Escarbagnas, par J.-B.-P. de Molière. *Amsterdam*, 1689; p. in-12, d.-rel. mar.

133. Esther, tragédie tirée de l'Ecriture sainte (par Racine). *Amsterdam*, 1692; in-12, cart.

134. Thétis et Pelée, tragédie en musique. *Paris*, 1699 ; in-4, d.-rel., mar. cit. *Fig.*

135. Marthesie, première reine des Amazones, tragédie chantée devant Sa Majesté à Fontainebleau. *Paris*, 1699. *Frontispice par Berin.* — Amadis de Grèce, 1699. — Cadmus et Hermione, 1673. En 1 vol. in-4, v. *Fig.*

136. Recueil des opéras, des ballets et des plus belles pièces en musique qui ont été représentées devant Sa Majesté. *Amsterdam*, 1690; 3 vol. pet. in-12, v. *Fig.*

137. Recueil des opera représentez à l'Académie royale de musique. *Paris*, 1703; 5 vol. in-12, v. f.

138. Neuf pièces de théâtre sur la toilette, la mode, etc., in-8, d.-rel. v.

Le Temple de la Mode. 1747. — La Toilette, comédie, s. d. — Les Panaches ou les Coiffures à la mode. 1778. — Les Têtes à la Titus, par Lombard. 1798. — La Perruque blonde, par Picard. 1795. — Les Bolivars et les Morillos. 1819. — Titus ou les Perruquiers. 1823. — Le Perruquier et le Coiffeur. 1824.

139. Charles IX ou l'Ecole des rois, tragédie par M. J. de Chénier. *Paris*. 1790; in-8, v., tr. dor. *Portraits.*

140. Théâtre de Clara Gazul, comédienne espagnole (par P. Mérimée). *Paris, Sautelet*, 1825; in-8, d.-rel.

Première édition.

141. Les Soirées de Neuilly, par de Fongeray. *Paris, Moutardier*, 1827; 2 vol. in-8, d.-rel., n. rog. *Fig. d'Henri Monnier.*

142. Comédies historiques, par N. Lemercier. *Paris*, 1828; in-8, d.-rel.

143. C. Delavigne. Marino Faliero. *Paris*, 1829. — La princesse Aurélie. *Paris*, 1828. Ens. 2 vol. in-8, br.

Premières éditions.

144. Hernani ou l'Honneur castillan, drame par V. Hugo. *Paris, Mame et Delaunay-Vallée*, 1830; in-8, br.

Edition originale.

145. Marion de Lorme, drame par V. Hugo. *Paris Renduel*, 1831; in-8, br.

Edition origiuale.

146. Marion de Lorme, drame par V. Hugo, 2e édit. *Paris, Renduel*, 1831; in-8, d.-rel.

147. Le Roi s'amuse, par V. Hugo. *Paris, Renduel*, 1832; in-8, cart. *Vignette sur chine par T. Johannot.*

Edition originale.

148. OEuvres de Victor Hugo. Drame, Marie Tudor. *Paris, Renduel*, 1833; in-8, d.-rel. *Eau-forte sur chine, par C. Nanteuil.*

149. OEuvres de Victor Hugo. Drame, Marie Tudor, 2e édition. *Paris, Renduel*, 1833; in-8, d.-rel. *Frontisp. à l'eau-forte par C. Nanteuil.*

150. OEuvres complètes de Victor Hugo. Drame, Angelo. *Paris, Renduel*, 1837; in-8, br.

151. OEuvres complètes de V. Hugo. Drame, Ruy Blas. *Paris, Delloye*, 1838; in-8, br.

Edition originale.

152. Les Burgraves, trilogie, par V. Hugo. *Paris, Michaud*, 1843; in-8, cart.

Première édition.

153. Les Burgraves, trilogie, par V. Hugo. *Paris, Michaud*, 1843; in-8, br. (2e édition).

154. OEuvres complètes de Alex. Dumas. Théâtre et Impressions de voyage. *Paris, Charpentier*, 1834; 5 vol. in-8, d.-rel. *Frontispices à l'eau-forte par C. Nanteuil.*

155. La Vieille Fronde, par H. Martin. *Paris*, 1832; in-8, d.-rel. *Vignette sur bois par T. Johannot.*

156. Ahasvérus, par E. Quinet. *Paris*, 1834; in-8, d.-rel., 1re édition.

157. Le Code lyrique ou Règlement pour l'Opéra de Paris, par de Querlon, 1743; in-8, v.

158. Les trois Théâtres de Paris, par Des Essarts. *Paris*, 1777; in-8, d.-rel.

159. Les Spectacles de Paris, pour 1789 et 1790. 2 vol. in-32, mar. r. et br.

160. Courrier des Spectacles. *Paris*, 1799 et 1801 ; 2 vol. in-4, d.-rel.

161. La Danse et les Ballets, par Castil-Blaze. *Paris*, 1832. *Frontisp. et vignettes sur chine*; in-18, d.-rel. v.

162. Deburau. Histoire du Théâtre à quatre sous, par J. Janin. *Paris*, *Gosselin*, 1833 ; 2 vol. in-18, d.-rel. *Vignettes sur bois, par Porret.* (*Cachets*).

163. Le Monde dramatique. Tome Ier, 1835; gr. in-8, d.-rel. *Frontisp. à l'eau-forte, par C. Nanteuil, portraits et figures.*

III. Romans

164. Le Romant d'Anacrine. *Paris*, 1613; in-12, vel.

165. Les Amours de Charles de Gonzague, 1667. — Histoire des amours de Henri IV. *S. L. n. d.* En 1 vol. pet. in-12, vélin.

166. La France galante ou Histoire amoureuse de la Cour. *Cologne*, *Elz.*, 1689; in-12, vélin.

167. Amours des Dames illustres de notre siècle. *Cologne*, 1703; in-12, d.-rel. mar., tr. dor.

168. Les Amusements de Mgr le duc de Bretagne Dauphin, avec le discours sur sa mort (Frontisp. gravé). *Paris*, 1712; in-12, v.

169. Histoire de Gil Blas, par Le Sage. *Paris*, *Paulin*, 1835; gr. in-8, d.-rel. mar. *Vignettes par Gigoux.*

170. Lettres de Mme la princesse de G***. *Paris*, 1790; in-8, mar., tr. d. *Aux armes de France.*

171. L'Année des Dames nationales, par Rétif de la Bretonne. *Genève et Paris*, 1791; 10 vol. in-12, d.-rel. *Figures.* (Incomplet des tomes VIII et IX.)

172. Oberman, par Sénancour. *Paris*, 1804; 2 vol. in-8, cart., n. rogn.

173. Lord Ruthwen ou les Vampires (par Ch. Nodier). *Paris*, 1820; 2 vol. in-18, v. viol. Les dernières Aventures du jeune d'Olban. *Paris*, 1829; in-18., br. Ens., 3 vol.

174. Scènes contemporaines, par Mme de Chamilly. *Paris*, 1828 ; in-8, d.-rel. *Fig. d'H. Monnier.*

174 *bis*. Le Dernier jour d'un Condamné (par V. Hugo). *Paris*, *Gosselin*, 1829 ; in-18, d.-rel. mar. n., tr. dor. *Fac-simile.*

Edition originale.

175. Notre-Dame de Paris (par V. Hugo). *Paris*, *Gosselin*, 1831 ; 4 vol. in-18, d.-rel. v. *Vignettes sur bois par T. Johannot.*

Première édition, très rare.

176. Fragoletta. Naples et Paris, en 1799, par Delatouche. *Paris*, 1829; 2 vol. in-8, d.-rel.

177. L'Ane mort et la Femme guillotinée (par Jules Janin). *Paris*, 1830; in-18, v. *Vign. par T. Johannot.*

178. Barnave, par J. Janin. *Paris*, 1831; in-18, 4 tomes en 2 vol., dos et coins mar.

Edition originale.

179. Barnave, par J. Janin. *Paris*, 1831 ; 4 vol. in-18, cart.

Première édition.

180. Histoire du roi de Bohème et de ses Sept Châteaux, par Ch. Nodier. *Paris*. 1830; in-8, d.-rel.

Edition originale.

181. Burat de Gurgy. La Prima Donna et le Garçon boucher. *Paris*, 1831. — Le Lit de camp, scènes de la vie militaire. *Paris*, 1833; 2 vol. Ens. 3 vol. in-8, d.-rel. *Vign. sur bois, par T. Johannot.*

182. La Salamandre, par E. Sue. *Paris*, *Renduel*, 1832; 2 vol. in-8, d.-rel. ch. *Vign. sur bois, par T. Johannot.*

183. Les Roueries de Trialph, par Lassailly. *Paris*, 1833; in-8, d.-rel. (*Cachets*).

184. Le Balcon de l'Opéra, par J. D'Ortigue. *Paris, Renduel*, 1833; in-8, d.-rel. *Eau-forte sur chine, par C. Nanteuil.*

185. Le Népenthès. Contes, Nouvelles et Critiques, par Loève-Veimars. *Paris, Ladvocat*, 1833; 2 vol. in-8, d.-rel. mar., non rog.

186. Les Consultations du Docteur Noir, Stello, par A. de Vigny. *Paris*, 1836; in-8, br.

187. Fragmens. Naples et Venise (par Mme de Montaran). *Paris*, 1836; in-8, br. *Fig. par Isabey.*

188. Salammbô, par G. Flaubert. *Paris, Lévy*, 1863; in-8, br.

Première édition.

HISTOIRE

189. Almanach géographique, année 1768, frontispice et cartes; in-18, rel. anc., mar. v., tr. dor.

190. Histoire au vray du meurtre et assassinat proditoirement commis au Cabinet d'un Roy, perfide et barbare, en la personne de M. le duc de Guise, 1589; pet. in-8, v. (*Incomplet de la page* 97).

191. Histoire d'un détestable parricide entrepris en la personne du Roy, par *P. Barrière*, 1594; in-8, cart.

192. Déclaration du Roy et règlement sur le faict des monnoies. *Paris*, 1636, in-8, d.-rel. v.

193. Mémoires de la minorité de Louis XIV. *Villefranche*, 1689, in-12, v. m., dent., tr. dor.

Aux armes des ducs de Biron.

194. Anecdotes ou Recueil de plusieurs pièces qui n'ont point esté imprimées, ny divulguées, 1703, in-4, v.

63 pièces manuscrites sur l'Histoire de France.

195. Mémoires du marquis de Beauvais-Nangis, publiés par Monmerqué et Taillandier. *Paris, Renouard*, 1862, in-8, br.

196. Madame de Maintenon et la Maison Royale de Saint-Cyr, par Th. Lavallée. *Paris*, 1862; in-8, cart. *Portr.*

197. La Cour et la Ville sous Louis XIV, Louis XV et Louis XVI, par Barrière. *Paris*, 1830; in-8, br.

198. Mercure de France, juin 1728; in-12, mar. r., t. dor. (*Aux armes de la reine Marie Leczinska*).

199. Almanach de Versailles, pour 1782 et 1783; 2 vol. in-32, v.

200. Almanach des honnêtes gens. *Paris*, 1793; in-18, d.-rel. mar., r. non rog. *Vign.*

201. Salons célèbres, par Mme Sophie Gay. *Paris*, 1837; in-8, d.-rel.

202. La France il y a trente ans, par de Breuil. *Paris*, 1822; 2 vol. in-8, v. *Fig.*

203. Recherche des antiquités et curiosités de la ville de Lyon, par Spon. *Lyon*, 1673; pet. in-8, d.-rel. *Fig.*

204. Antiquitez de la ville de Lyon, par le P. de Colonia. *Lyon*, 1701; in-12, v. *Fig.*

205. Explication de la cérémonie de la Fête-Dieu d'Aix en Provence. *Aix*, 1777; in-12, d.-rel. *Fig.*

206. Histoire de Toulon au moyen âge, par Teissier. *Paris*, 1869; in-8, pap. vergé, br. *Plan.*

207. Journal de ce qui s'est passé en la ville de Marseille, depuis qu'elle est affligée de la contagion. *Paris*, 1721, pet. in-12, v. br.

208. La Vendée et Madame, par le général Dermoncourt. *Paris*, 1883; in-8, d.-rel. mar. *Vignettes*.

209. La Normandie à l'étranger, par H. de La Ferrière. *Paris*, *Aubry*, 1873; in-8, br.

210. Les La Boderie, étude sur une famille normande, par de La Ferrière-Percy. *Paris*, *Aubry*; 1857, in-8, d.-rel., mar.

211. Voyage critique à l'Etna, par de Gourbillon. *Paris*, 1820; 2 vol. in-8, v. *Figures*.

212. Scilla e Cariddi, par Fr. Wey. *Paris*, 1843; 2 vol. in-8, br.

213. Rome, Naples et Florence en 1817, par M. de Stendhal, officier de cavalerie. *Paris*. 1817; in-8, br.

Edition originale.

214. Lettres écrites d'Egypte et de Nubie, par Champollion le jeune. *Paris*, *Didot*, 1833; in-8, d.-rel. mar. n. rog.

215. Lettres sur la Perse et la Turquie d'Asie, par Tancoigne. *Paris*, 1819; 2 vol. in-8, v. *Figures coloriées*.

216. Mélanges tirés d'une petite bibliothèque romantique, par Asselineau. *Paris*, *Pincebourde*, 1866; in-8, br. *Frontisp. à l'eau-forte, par C. Nanteuil*.

217. La Bibliothèque des Dames, par M. de Grenaille. *Paris*, 1640; in-4, v. marb. *Frontispice*.

218. Opuscules de Mme Guion. *Cologne*, 1720; in-8, mar. Front. gravé. *Très rare*.

219. Sous ce numéro, il sera vendu, par lots, environ 200 Volumes anciens et modernes.

GRAVURES ET EAUX-FORTES
LITHOGRAPHIES

es Estampes cataloguées ci-dessous sont toutes, sauf indications contraires superbes d'épreuves et en parfaite condition.

BRACQUEMOND (Ch.)

220 — Portrait d'Érasme d'après Holbein.

Epreuve avant la lettre sur japon.

221 — La Source, d'après Ingres.

Epreuve du 1er état : avant divers travaux, sur chine.

222 — Le Lièvre.

Epreuve du 1er état : avant la lettre, sur chine.

223 — Portrait de Mme Granger, d'après Ingres.

Epreuve du 1er état : avant que la planche ait été coupée pour le tirage de la *Gazette des Beaux-Arts*.

224 — La Mort du Matamore.

Deux épreuves sur chine dont une du 1er état est avant de nombreux travaux.

225 — Portrait de Mlle V. en costume de Spada. Deux épreuves.

Epreuve du 1er état, avant de nombreux travaux, sur japon.
Epreuve du second état, sur chine.

226 — L'Hiver.

Epreuve du 1er état, avant de nombreux travaux et quelques changements.

226 *bis* — La Mare de Beau-Séjour, à Passy.

Tiré à 6 épreuves.

BRACQUEMOND (Ch.)

227 — Adresse de P. Guichard. — Les Fleurs du mal. — Odes funambulesques. — Frontispice pour les œuvres de Chamfleury. — Frontispice pour les trétaux de Ch. Monselet. — Titres de romances. 9 pièces.

Epreuves du 1er tirage, sur chine et sur papier de Hollande.

228 — Portrait de A. Comte. — Les pauvres Gens. — Saint Jean l'évangéliste. — Tobie et l'ange. — Paysage au pêcheur. — Le Buveur. — Ombres chinoises. — Golgotha. — Tivoli. — Le Rappel des perdrix. — Études. 14 pièces.

Epreuves des 1ers tirages.

229 — Cascade du bois de Boulogne. — Étude. 2 pièces dont les figures sont de Gavarni.

Epreuves du tirage de M. Bracquemond.

EDWARDS (Sir E.)

230 — Paysages et Vues d'Angleterre. 17 pièces.

Epreuves de 1er tirage sur chine et sur blanc.

HOLLAR (W.)

231 — Le Calice, d'après Mantègne.

Très belle épreuve, a été pliée et a quelques déchirures.

LEYS (H.)

232 — Les Archers.

Epreuve du 1er état : avant différents travaux et avant l'inscription dans l'angle du bas, à gauche.

LEYS (H).

233 — La Publication des édits de Charles-Quint à Anvers.

234 — Institution de la Toison d'Or.

Epreuve d'essai avant la signature H. Leys, à droite, signée de l'artiste.

235 — La Rencontre.

Epreuve signée de l'artiste.

236 — Un Conventicule de réformés.

237 — La Messe à l'épître.

MANET (E.)

238 — Titre avec la liste de 15 de ses eaux-fortes.

Epreuve avec une dédicace à M. Fioupou.

239 — Titre : Un Portefeuille ouvert sur un chevalet.

Non publié.

240 — Titre : Une Figure apparaît dans l'entrebaillement d'un rideau.

Non publié.

241 — Portrait de Philippe IV, d'après Velasquez.

Epreuve sur chine du 1er état : à l'eau-forte pure et avant de nombreux travaux.

242 — La même estampe.

Epreuve avant la lettre, sur chine.

243 — Les petits Cavaliers, d'après Velasquez.

Epreuve du 1er état : à l'eau-forte pure, avant les travaux de pointe et d'aqua-tinte et avant les noms de Manet et de Velasquez.

MANET (E.)

244 — La même estampe.

Epreuve du 2e état, sur japon.

245 — L'Enfant à l'épée.

Epreuve sur chine du 1er état : avant de nombreux travaux avant le fond et avant la remorsure.

246 — La même estampe.

Epreuve avant la lettre, sur chine.

247 — Le Buveur d'absinthe.

Epreuve sur papier de Hollande.

248 — Le Gamin.

Epreuve avant la lettre, sur chine.

249 — La petite Fille.

Epreuve sur papier de Hollande du 1er état : avant de nombreux travaux, notamment sur les cheveux.

250 — La même estampe.

Epreuve du 2e état, sur chine.

251 — L'Enfant et le Chien.

Epreuve sur papier de Hollande.

252 — Le Guitarero.

Epreuve sur chine du 1er état : avant de nombreux travaux, avant le fond, avant que la signature de Manet ait été changée et avant l'adresse de Delatre.

253 — La même estampe.

Epreuve sur papier de Hollande.

254 — Lola, de Valence.

Epreuve avant la lettre et avant le grain d'aqua-tinte.

254 *bis* — La même estampe.

Epreuve avec la lettre, sur chine.

MANET (E.)

255 — Portrait de Mlle V. en costume de Spada.

Epreuve sur chine du 1er état, avant de nombreux travaux et les reprises d'eau-forte.

256 — La même estampe.

Epreuve avant la lettre, sur chine.

257 — Don Mariano Camprubi, primer bailarin del teatro royal de Madrid.

Epreuve de 1er tirage, sur chine.

258 — Les Gitanos.

Epreuve sur chine.

259 — La Toilette.

Epreuve sur papier de Hollande.

260 — Marchande de cierges.

Epreuve sur chine.

261 — Le Christ avec les anges.

Epreuve sur chine du 1er état : avant la lettre et avec la première aqua-tinte.

262 — Au Prado.

Epreuve sur chine du 1er état : avant les travaux d'aqua-tinte.

263 — La même estampe.

Epreuve sur chine, avec les travaux d'aqua-tinte.

264 — Au Prado.

Epreuve avec la lettre.

265 — Fleur exotique.

Epreuve avant la lettre, sur chine.

266 — Le Torero mort.

Epreuve du 1er tirage, sur japon.

MANET (E.)

267 — L'Enfant au plateau.

Epreuve sur chine du 1er état : avant de nombreuses retouches.

268 — Le Liseur.

Epreuve sur chine du 1er état : avant le grain d'aqua-tinte.

269 — La même estampe.

Epreuve sur chine du 2e état.

270 — Le Lapin, nature morte.

Epreuve sur papier de Hollande.

271 — La jeune Convalescente. Étude d'eau-forte.

Epreuve sur papier de Hollande.

272 — Silentium, étude de moine.

Epreuve sur japon.

273 — Le Montreur d'ours.

Epreuve sur japon.

274 — Marine.

Epreuve sur japon.

275 — Portrait de Ch. Baudelaire pour le livre d'Asselineau.

Epreuve du 1er état, sur japon, la planche est plus grande et porte le nom de Baudelaire dans la banderolle.

276 — Profil de Baudelaire pour : La musique aux Tuileries, d'Asselineau.

Epreuve sur papier de Hollande.

277 — Rendez-vous de chats.

Lithographie.

278 — Le Ballon.

Lithographie, épreuve unique.

MANET (E.)

279 — Mort de l'empereur Maximilien.

Lithographie.

280 — Lola, de Valence.

Lithographie illustrant la première page de la romance intitulée *Lola de Valence*, de Zach. Astruc.

281 — Portrait de J. Bosch en espagnol.

Lithographie illustrant la première page de la romance intitulée *Plainte moresque*.

SEYMOUR-HADEN (F.)

282 — Egham sur la Tamise.

Epreuve du 2e état : avant que la signature de l'artiste ait été effacée.

WHISTLER (J.-A. Mc Neill.)

283 — La Cuisine (13).

Epreuve avec le travail à la pointe sèche très apparent, sur japon.

284 — Portrait de Delâtre (14).

Epreuve du 1er état, sur papier de Hollande.

285 — Figure de femme penchée (27).

Epreuve avec les travaux à la pointe sèche très apparents, sur japon.

286 — Black Lion Wharf (35).

Epreuve du 1er état : avant le travail à la pointe sèche et avant la suppression d'un pieu à la gauche de l'estampe, sur papier du Japon.

287 — La même estampe.

Epreuve du 2e état : avec le travail à la pointe sèche mais avant la suppression du pieu, sur la gauche de l'estampe.

WHISTLER (J.-A. Mc Neill.)

288 — The houses of Parliement (36).

Epreuve du 1er état : avant le travail à la pointe sèche sur le ciel et avant quatre lignes horizontales, près de la tour du Parlement sur papier de Hollande.

289 — The Lime-burners (38).

Epreuve du 1er état : avant le nettoyage de la planche, sur papier de Hollande.

290 — Limehouse (39).

Epreuve du 2e état, sur japon.

291 — Tyzack, Whiteley and Cie (40).

Epreuve du 1er état : avant le travail à la pointe sèche, sur papier de Hollande.

292 — Rotherhithe (41).

Epreuve du 2e état, sur japon.

293 — Thames police (43).

Epreuve du 1er état : avant les travaux à la pointe sèche sur le ciel.

293 *bis* — La même estampe.

Epreuve du 2e état avec les travaux additionnels, sur japon.

294 — Vue prise à Vaux-Hall (44).

Epreuve du 1er état : avant que l'inscription *The works of James Whistler etchings and Dry points*, etc., ait été effacée.

295 — The Pool (47).

Épreuve du 1er état : avant le travail à la pointe sèche sur le ciel, sur papier de Hollande.

296 — Vue sur la rivière, près Rotherhithe (48).

Epreuve du 1er état : avec l'inscription *Te works of James Whistler*, etc., écrite à la pointe, sur chine.

297 — Entêtes de lettres de l'époque de la Révolution. 21 pièces excessivement curieuses et rares.

298 — Titres de livres, Vignettes. 50 pièces gravées sur bois, d'après les dessins de T. Johannot, C. Nanteuil, Gigoux, etc., pour Balzac, V. Hugo, R. de Beauvoir et autres.

Très rares épreuves, tirées hors texte.

299 — Un lot considérable. Environ 500 pièces : Gravures et Lithographies, pièces en noir et coloriées, relatives aux évédements historiques survenus entre la première Révolution et celle de 1830. Collection des plus curieuses et des plus intéressantes, formée au point de vue royaliste.

300 — Sous ce numéro seront vendus de nombreux lots d'Estampes anciennes et modernes, Eaux-Fortes et Lithographies non catalogués.

OBJETS DE CURIOSITÉ

---

301 — Divinité indienne en bronze rehaussé de vestiges d'or.

302 — Scarabée égyptien.

303 — Feuille d'Éventail représentant une scène mythologique de la vie de Pâris, dessin au crayon, époque Empire.

304 — Gouache représentant un village avec parc et pavillons animés de figures, époque Louis XIV.

305 — Gouache représentant le parc de Marly-le-Roy, animé de figures.

306 — Petit Quadrupède en verre.

307 — Six plats en faïence de Montpellier, décor à fleurs.

308 — Vase en faïence de Venise, décor à fleurs.

309 — Vase avec bouquet de fruits en faïence de Marseille.

310 — Plaque en faïence de Delft, décor scène maritime en bleu sur blanc.

311 — Petite Coupe en faïence persane, décor rosace en bleu.

312 — Plat en faïence de Rhodes, décor gerbe de fleurs et lambrequins.

313 — Plat en faïence de Rhodes, décor chimères et tulipes.

314 — Quatre petites Coupes en faïence de Perse, décor palmes et figures.

315 — Petit Plat en faïence de Rhodes, décor à fleurs et branchages.

316 — Petit Plat en faïence hispano-arabe, décor à reflets métalliques.

317 — Plat en faïence de Delft, décor polychrome à rosaces.

318 — Petite Coupe en faïence de la suite de Palissy, décor à sujets et mascarons.

319 — Plaque en faïence espagnole, offrant en relief la Vierge et l'Enfant.

320 — Bouteille en porcelaine de Chine, décor bleu sur blanc.

321 — Six Assiettes en porcelaine du Japon, de Chine et de l'Inde.

322 — Trois Groupes en pierre de lard.

323 — Groupe en terre émaillée de Limoges, Vierge et Enfant.

324 — Petite Pagode en pierre de lard.

325 — Groupe de trois Grâces en albâtre.

326 — Deux petites Coupes en albâtre.

327 — Deux Figurines, d'après l'antique Mars et Hercule, en marbre.

328 — Deux petites Appliques en cuivre à une lumière.

329 — Deux Flambeaux en cuivre, Louis XVI.

330 — Cartel en bois sculpté, forme monument Louis XVI.

331 — Figurine, femme couchée, en terre émaillée, Sainte Madeleine.

332 — Groupe-Applique en pierre décorée, Vierge et Enfant.

333 — Petite Momie égyptienne.

334 — Bouteille, deux Verres à pied et une petite Coupe en verre de Bohême.

335 — Christ en ivoire.

336 — Coquille en nacre sculptée, représentant la Fuite en Égypte.

337 — Six Éventails, décors variés.

338 — Aumônière en satin blanc brodé.

339 — Quatre petits morceaux de Satin brodé.

340 — Deux petits Plats en faïence hispano-arabe.

341 — Plaque en faïence de Delft, le Christ en croix et les Saintes Femmes en prière, décor bleu sur blanc.

342 — Coffret couvert d'ornements, en bois doré et pierreries, forme gothique.

343 — Quatre Pièces : Lampes en terre romaine et Figurines.

344 — Cachet en ivoire, Coupe en terre, Boîte en paille, Chapelet.

345 — Aiguière avec bassin en cuivre.

346 — Deux Statuettes en plâtre.

347 — Deux Flambeaux en cuivre.

348 — Petit Cornet en faïence de Milan.

349 — Plaquette en bronze poli, le Calvaire.

350 — Deux Bas-Reliefs sur bois.

351 — Deux Flambeaux en cuivre Louis XIV.

352 — Deux Bas-Reliefs sur bois, le Tombeau du Christ et un Ange en prière.

353 — Deux petits Bas-Reliefs sur bois, Figures couchées.

354 — Plat en faïence hispano-arabe, décor bleu et à reflets métalliques.

355 — Médaillon en broderie, cadre en bois sculpté Louis XIV.

356 — Médaillon en broderie, Reine en prière, cadre en bois sculpté Louis XIV.

357 — Bénitier en albâtre.

358 — Tableau en broderie, sujet allégorique du Nouveau Testament, XVIIe siècle.

359 — Tableau reliquaire, époque Louis XIII.

360 — Petit Tableau reliquaire, époque Louis XIII, avec cadre ancien en bois sculpté.

361 — Tableau en broderie : la Vierge et l'Enfant entourés de Chérubins ; cadre en bois sculpté ancien.

362 — Deux Cadres en bois sculpté et doré, époque Louis XIV.

363 — Gouache : la Fuite en Égypte; cadre en bois sculpté et doré, Louis XIV.

364 — Gouache : Scène pastorale, avec cadre en bois sculpté, Louis XIV.

365 — Sept Cadres en bois sculpté et doré, Louis XIV et Louis XVI.

366 — Gravure en couleur dans un cadre ovale : Sujet biblique.

367 — Tableau en broderie : le Christ; cadre en bois doré.

368 — Portraits de Louis, dauphin de France, et de la princesse de Conti, en broderie de l'époque.

369 — Tableau représentant une corbeille de fleurs en broderie.

370 — Miniature ronde : Portrait de jeune femme.

371 — Miniature ronde : Portrait d'officier.

372 — Frise rectangulaire représentant des figures de Saintes; cadre en bois sculpté et doré, époque Louis XIV.

373 — Petit Bas-Relief : Allégorie de la Moisson, en cuir repoussé.

374 — Petite Gouache : Vue de Rome.

375 — Petite Gravure : Sainte Elisabeth; cadre ancien.

376 — Petit Dessin : Scène pastorale, École française.

377 — Gouache : Entrée d'une Ville, École française.

378 — Tableau reliquaire avec cadre ancien.

379 — Deux petites Gouaches rondes, représentant les Tuileries sous Louis XVI, animées de nombreux personnages.

380 — Dessin « Intérieur d'atelier », de Huet.

381 — Dessin rehaussé de couleur « Jeune Femme lisant », attribué à Debucourt.

382 — Petite Gouache représentant l'arc de Septime Sevère, les Temples de Faustine, de la Paix et de la Concorde, à Rome. Signé Nicolla.

383 — Petite Gravure ronde « la Famille Royale de Louis XVI. »

384 — Petit Dessin à la plume, représentant une bataille. Attribué à Callot.

385 — Quatorze Cadres en bois sculpté et doré, du XVIIIe siècle.

386 — Tableau en broderie « Archevêque et Vicaire sous un baldaquin »; cadre en bois sculpté et doré, ancien.

387 — Peinture chinoise sur verre, représentant une Scène d'intérieur; cadre en bois doré.

388 — Petite Aquarelle napolitaine,

389 — Tableau « Fleurs et Papillons »; avec cadre en bois doré Louis XVI.

390 — Quarante-huit Cadres en bois doré et bois noir, de différentes époques.

391 — Gouache représentant la Vue d'un Parc, attribuée à Fragonard.

392 — Aquarelle « Paysage au bord de la mer », Ecole moderne.

393 — Peinture chinoise sur glace « Femme couchée. »

394 — Dessin « Andromaque pleurant sur le cadavre d'Hector », par David (signé). Provient des ventes Boily et Baroilhet.

395 — Dessin représentant l'Ensevelissement des martyrs dans les catacombes. Signé Peyron.

396 — Gouache représentant la Fontaine de Jouvence. Composition drôlatique, avec cadre en bois sculpté et doré, époque Louis XIV.

397 — Huit morceaux de bois sculptés.

398 — Petit Tableau de fleurs brodées.

Vve Renou, Maulde et Cock, impr^rs de la Compagnie des Commissaires-Priseurs, rue de Rivoli, 144 500—46381

Vᵉ RENOU, MAULDE et COCK

IMPRIMEURS DE LA COMPAGNIE DES COMMISSAIRES-PRISEURS

Rue de Rivoli, 144.

www.ingramcontent.com/pod-product-compliance
Ingram Content Group UK Ltd.
Pitfield, Milton Keynes, MK11 3LW, UK
UKHW020416220726
13923UKWH00004B/1984

9 782014 463910